D1661507

Dieser Gedichtband liest sich wie das kollektive Tagebuch einer Gesellschaft im Pandemiealltag. Mitten im zweiten Lockdown ruft der junge Berliner Lyriker Fabian Leonhard dazu auf, Gedichte zu schreiben. Die gesammelten Texte erzählen von Ängsten, Hoffnungen und der Sehnsucht nach Normalität. Lyrisch feingeschliffen oder unmittelbar und roh, melancholisch oder mit Witz. Die 100 besten Texte wurden von einer Jury in dieses Buch gewählt. Auch ein paar bekannte Autor:innen wie Sibylle Berg, Thomas Gsella, Ulrike Almut Sandig und Hubertus Koch sind dabei.

Der Gewinn dieses Buches wird vollständig an die Obdachlosenhilfe (Berliner Stadtmission) gespendet.

#Lockdownlyrik

100 Gedichte
von 100 Autor:innen
Geschrieben im Lockdown

Trabanten Verlag Berlin

2. Auflage April 2021

Veröffentlicht im Trabanten Verlag
Berlin, März 2021
Copyright © 2021 by Trabanten Verlag Berlin
Alle Rechte vorbehalten
Herausgeber: Fabian Leonhard
Lektorat: Felix Erdmann, Nina Brauch, Chris Verfuß, Fabian Leonhard
Umschlagkonzept: Kaja Helak, Fabian Leonhard
Druck und Verarbeitung: CPI books GmbH
ISBN: 978-3-9822649-2-9

www.trabantenverlag.de

Danke an alle,
die an diesem Projekt
mitgewirkt haben

Insbesondere:

Tabea Fock
Fritz Sebastian Konka
Michael Wiegand
Helen Janina Sülflow
Manisha Crump-Otten
Len Korvin
uvm.

Vorwort

Dieser Gedichtband ist zufällig entstanden. Anfang Januar, mitten im zweiten „harten" Lockdown war das Leben genauso fad wie in den Monaten zuvor. Das Jahr endete fad und das Neue blieb fad. Soweit der Stand der Dinge. Aus dem Gefühl heraus, etwas ändern zu wollen, startete ich in den ersten Tagen des Jahres auf Instagram einen Aufruf: *„Leute! Schreibt unter #lockdownlyrik Gedichte zur aktuellen Situation und ich reposte sie! Let's go!"*

Ich weiß nicht genau, was ich erwartet hatte. Jedenfalls sammelten sich innerhalb weniger Stunden über hundert Gedichte in meinem Postfach an. Die Texte handelten von abgekochten Masken, Fußabdrücken an Wänden und von der Sehnsucht nach Normalität. Einige waren düster, andere hingegen brachten mich zum Lachen. Vor allem aber waren viele von sprachlich hoher Qualität. Als ich am nächsten Morgen aufwachte und feststellte, dass bereits fünfzig neue Gedichte auf mich warteten, fasste ich einen Entschluss: Es war an der Zeit, die Sache zu einem richtigen Projekt zu machen. Die Idee bestand darin, solange der Lockdown läuft, Gedichte zu sammeln. Am Ende sollte aus den 100 besten Texten ein Buch entstehen. Ein Buch, das 100 Perspektiven von 100 verschiedenen Menschen zeigen würde. Eine Art kollektives Lyriktagebuch unserer Gesellschaft im Pandemiealltag. Den Gewinn, den das Buch erwirtschaften würde, wollte ich spenden. Sofort dachte ich an die vielen obdachlosen Menschen, die hier in Berlin draußen in der Kälte ausharren müssen. Seit dem Ausbruch der Pandemie hat sich deren Zahl spürbar erhöht, unter manchen Brücken liegen die Matratzen dicht an dicht. Jeder kann sehen, dass diese Menschen Hilfe benötigen. Der gesamte Gewinn, den wir bis zum Ende des Jahres durch den Buchverkauf erwirtschaften, wird deshalb vollständig an die Berliner Stadtmission gespendet.

Insgesamt wurden in wenigen Wochen über 1000 Gedichte eingereicht. Dass sich so viele Menschen beteiligten, lag vor allem an der starken Community, die innerhalb kürzester Zeit entstanden war. Regelmäßig veranstalteten wir Livestreams, sammelten Ideen und schwärmten dann in alle möglichen Richtungen aus, um das Projekt noch bekannter zu machen. Und es funktionierte. Schon bald erschienen die ersten Zeitungsartikel über unser Projekt, Radiosender fragten nach Interviews und nach und nach erarbeiteten wir uns so eine gewisse Bekanntheit. Irgendwann kam dann jemand auf die Idee, Flyer und Plakate zu drucken. Ein paar Tage später klingelte es an meiner Haustür und zwei riesige Pakete wurden abgeliefert. Sofort stopfte ich alles in handliche Umschläge, die ich dann an fünfzig Leute in ganz Deutschland verschickte. Auf die Plakate und Flyer druckten wir ein paar der eingesandten Gedichte und erklärten kurz und knapp unser Projekt. Und auch das funktionierte besser als erwartet (Es gab sogar Restaurants, die bei jeder Bestellung einen Flyer an die Tüte tackerten. Außerdem gab es einen Zahnarzt aus dem Ruhrgebiet, der dafür sorgte, dass alle Patient:innen seine Praxis mit Flyer verließen). Wir waren hochmotiviert und auch wenn sich die meisten der Menschen nicht persönlich kannten, entstand durch die Vielzahl der Gedichte und die gemeinsame Mission schnell eine Verbundenheit: Was wir gemeinsam gestartet hatten, fühlte sich richtig an. Verbundenheit mit anderen Menschen tut immer gut. Aber jetzt, mitten im Winter, mitten im Lockdown, war sie besonders heilsam und ich möchte mich an dieser Stelle von ganzem Herzen bei jedem Menschen bedanken, der sich an unserem Projekt beteiligt hat.

Neben dem Lesen und Posten der Texte nahm vor allem die Auswahl der Gedichte einen großen Teil der Arbeit ein. Über mehrere Wochen hinweg traf sich unsere vierköpfige Jury fast jeden Abend, um im Videocall die neuen Texte zu diskutieren. Die Lockdownlyrik-Jury bestand aus dem Schauspieler Felix Erdmann, der am Landestheater in Neustrelitz darauf wartete, endlich wieder spielen zu können, dem Literaturstudenten Chris Verfuß, der darauf wartete, endlich wieder richtig studieren zu können, der Literaturstudentin und Aktivistin Nina Brauch und mir. Ich sollte an dieser Stelle vielleicht noch erwähnen, dass sich Nina während dieser Zeit auf einem Seenotrettungschiff von Sea-Watch befand, das im Hafen von Palermo lag. Abgesehen von ein paar Abenden, an denen ihre Internetverbindung abbrach (meistens, weil zu viele Crewmitglieder gleichzeitig Serien schauten), schaltete

9

sie sich pünktlich aus ihrer Bordkabine zu, um sich mit uns über einzelne Texte zu streiten. Ich sollte vielleicht auch erwähnen, dass wir dabei wirklich Spaß hatten. Ziemlich schnell entwickelten wir eine Arbeitsroutine. Wir legten Listen an, sortierten die Gedichte nach Themen und Stilrichtungen und bekamen nach und nach einen Überblick über die eingesandten Texte. Es war uns wichtig, dass die sprachliche Qualität nicht das einzige Kriterium war. Wir wollten ein Buch machen, das sich zwar aus lyrisch feingeschliffenen Texten zusammensetzte, aber auch Unmittelbarkeit und rohe Alltagsrealitäten einfing. Das Ziel bestand darin, möglichst viele Perspektiven, Inhalte und Stilrichtungen zu vereinen. Ich glaube, dass uns das gelungen ist. Die Gedichte in diesem Buch sind mal traurig, mal witzig, mal klug. Manchmal sind sie auch einfach nur schön. Und manchmal sind sie alles zusammen. Sie sind eine Art konserviertes Seelenleben in lyrischer Form.

Ich habe das Buch, bevor ich anfing, dieses Vorwort zu schreiben, drei Mal komplett durchgelesen. Irgendwie war das Gefühl, das nach dem letzten Text blieb, jedes Mal ein bisschen besser. Jedes Mal ein bisschen mehr Hoffnung, ein bisschen mehr Aufbruch. Ich hoffe, dass es Ihnen auch so gehen wird.

Fabian Leonhard
Berlin, im Februar 2021

ERSTER AKT

Stefanie Kasimir
Deutschland.
Ein Winterdrama

in einem Akt:

Die Aufführung
ist abgesagt.

Dilara Streil
Seit März bin ich

seit märz bin ich
verrückt
wie auf einem
viel zu langen trip
und meine gedanken
wilde raubtiere
oder müde wolken,
das wechselt
alle paar sekunden,
bin gefangene
in den vier wänden
meines wahnsinns,
will nichts mehr
als wieder was erleben
und doch ist
wovor ich mich
am meisten fürchte
das richtige leben

Jördis Rosenpfeffer
Liebe in Zeiten von Corona

ich schick dir meine Arme per Post
und du packst sie aus & sie umarmen dich
so fest und so oft wie du möchtest.

ich schick dir meine Zunge per Post
und dann mach damit was du willst
und dann schick sie mir zurück.

dann weiß ich: schmeckst du
scharf, zartbitter, edelsüß
oder gar nach Honigglück.

und wenn du magst schick ich dir
meine Lippen, die können dann
deine Tränen wegnippen.

und nicht zuletzt schick ich dir
meine Hände, damit ich deine
Sehnsucht nach Berührung beende.

Max Franck
videokonferenz

ein rechteck starrt mich starrend an
und augen warten an der wand
ich starre hier am   rechteckrand
und werd ich größer bin ich dran

Robert Igel
zwanzig zweinull

die straßenbahnen
rattern unbeschwert
durch menschen-
leere straßen

ein blauer ball
liegt in der einfahrt
platt
mit grünen punkten

durch das fenster
blinzelt
die bluse
leicht geöffnet

die freiheit.
mit ein wenig blut
im linken auge.

Julia Tewocht
Katzenbabyvideo

Du liest von Toten
Von gesunkenen Booten
Von falschen Propheten
Und was sie Dir räten.
Gesetz der Moneten.
Doch Dir geht es gut -
Ruhig Blut, ruhig Blut!

Schnell liest Du weiter
Bleibst heiter
Und setzt ein Like unter ein Katzenbabyvideo.
So süß und unbeschwerlich
Und bist Du ehrlich:
Das ist Komfort.
Es betäubt Aug und Ohr
Hält Dinge unter Tage
Stellt Dich nicht in Frage.
Was kümmert das Morgen
Solln andre sich sorgen…

Und während sie sterben
Erklimmen die Schergen
Den Berg aus Scherben Deines Mitgefühls und
winken Dir zu
Du hast Deine Ruh…

Und während sie leiden
Die Stürme schwellen
Die Meere steigen
Werden wir alt
Wir werdens vergeigen....

Du liebst nur Dich
und das Katzenbaby
So kuschelig....

Felix Wetzel
wellenbrecher

wir bleiben zuhause
nehmen die masken ab
legen uns ins bett
verschlafen miteinander die angst
hören techno aus der brust
hundertzwanzig hearts per minute
tanzen auf dem balkon
lieben uns in den armen
und fangen an uns irgendwann zu fragen
was wir jemals da draußen gesucht haben

René Krüger
Lockdownprofiteur

mein Leben war schon
vor dem lockdown
wie im lockdown
insofern bin ich
lockdownprofiteur
auf einmal geht's
der ganzen Welt
ganz genau wie mir

Caroline Kohlisch
Hey Mädels.

Muss jetzt schließen.
Lockdown.

23.00 Uhr. Späti. Berlin.

Sandra Overlack
Treppenhausdistanz

Meine Nachbarin erzählt mir im Treppenhaus
von ihrem Mann im Krankenhaus,
sie an ihrer Tür,
ich an meiner Tür,
Tränen fließen in ihrem Gesicht,
ich will, ich sollte, doch ich umarme sie nicht.

„Wäre kein Corona,
wäre ich für Sie da,
wäre kein Corona,
hätte ich Sie umarmt."

Sie nickte, ich nickte, auf Treppenhausdistanz,
in nächster Nachbarschaftsnähe verschanzt.

David Damm
Die quirlige Qualle

Die quirlige Qualle ist in Quarantäne,
Doch morgens vorm Frühstück putzt sie sich die Zähne,
Und kämmt vor dem Spiegel die wallende Mähne,
Ins hübsche Gesicht fällt ihr ne Strähne.

Die quirlige Qualle ist in Quarantäne,
Doch eigentlich hatte sie so viele Pläne,
Zum Einkauf am Markt mit Sprudelfontäne,
Zum Stadtpark, zum Teich, zum Füttern der Schwäne.

Die quirlige Qualle ist in Quarantäne,
Doch wäre sie gerne am Fluss, auch alleene,
Dort trieben die Bötchen, im Hafen die Kräne,
Die drehten sich rastlos und füllten Lastkähne.

Jetzt steht sie am Fenster und kriegt 'ne Migräne,
Am Baum klopft ein Specht, es fliegen die Späne,
Sie blickt auf die Uhr und verdrückt eine Träne,
Zwei Wochen sind um, adieu Quarantäne.

Sie freut sich und jubelt und springt auf die Beene,
Die quirlige Qualle war in Quarantäne,
Bevor ich's vergesse und hier nicht erwähne -
Die quirlige Qualle war in Quarantäne.

Cem Yilmaz
Aphorismus

Jetzt haben wir alle Zeit der Welt,
aber keine Welt mehr in der Zeit.

Karolina Wolters
Lockdownstatement einer Mutter

Nachmittags um vier
schrieb eine Freundin mir:

"Rotkarierte Baumwollhose.
Ravioli aus der Dose.
Haare wieder nicht gekämmt,
da bis 14 Uhr gepennt.

Langweilig ist mir, und zwar sehr.
Sehe keine Menschen mehr.
Versuche mich zu motivieren,
etwas Neues zu kreieren."

Als ich diese Nachricht sah,
war ich neidisch, ist ja klar.
Ich kenn keine Langeweile,
ich bin dauernd nur in Eile.

Virtuelles Klassenmeeting,
für's Büro ins Online-Greeting,
Verarzte Puppen, bastle Feen,
denn Freunde können wir nicht sehen.

Alle Spiele sind gespielt,
die der Spieleschrank enthielt.
Alle Lieder ausgesungen,
alle Schokis sind verschlungen.

Eingeschlafen sind sie nun
und ich muss für's Büro was tun.
Fühl mich ausgelaugt und schlapp,
doch koch jetzt noch die Masken ab.

Heinrich Ueberall
Wie geht's, wie steht's?

Man fragt mich, wie es steht
In diesen wilden Zeiten
Und auch noch wie's mir geht
Beim vielen Zeit vertreiben

Nun ja, mir geht es prima,
Les' Mann, Camus und Zweig
Mach Sport und Sauerteig
Und rette auch das Klima

Lern' Hindi, Lyra, Stricken
Vielleicht fehlt mir die Nähe.
Doch all das ist nicht wahr, denn

Ich
Log da und
Lag da und
Lockdown.

Marleen Haibach
tagesschau 2020

die langen ersten 8 Minuten
drehen sich um die Pandemie

dann 3 Minuten schlechte Welt:
Pushbacks, Anschlag, Tod im Zelt,
Rechtsextreme, Klimawandel
- es ist zu viel
der Vorhang fällt

doch nach den nächsten 4 Minuten
Fußball und der Wetterschau
den 15 weiteren Minuten
Corona-Extra im TV

sind 3 Minuten Weltschmerz nur
wie winterlicher Morgentau
kalt und kurz und schnell zerronnen
vergessen
nicht mal wirklich wahrgenommen

Lea Röring
BLACK-OUT

Zwanzig-zwanzig
verdeckt von Masken und Fassaden
steh'n Welten still, doch dreh'n laut auf
Verschwörung, Wut und Hasstiraden

Zwanzig-zwanzig
erstickt ein Stück der Zuversicht,
wenn Rassismus wieder Atem raubt
und Schwarzen das Genick zerbricht

Zwanzig-zwanzig
ein Jahr, das schreit
nach Luft und auch
nach Menschlichkeit

Stephan Uebe
Der Fisch

Friedlich schwimmt der Fisch im Teich,
Schaut vielleicht nach Frau und Laich,
Jeden Tag die selbe Runde,
Ahnungslos der dunklen Stunde.

Denkt er dabei an mRNA?
BioNTech und die EMA?
Covid und die Covidioten?
Die Genesenen, die Toten?

Friedlich schwimmt der Fischling weiter,
Losgelöst und flink, fast heiter,
Jeder kleine Flossenschlag
Bringt ihn vorwärts, Tag für Tag.

Manuel Muerell
60 bpm

tage kleben aneinander
wie die seiten eines buches das
im regen lag

meine sinne verspröden und
der graue himmel vor den bullaugen
meines betonkokons spricht
mir schon viel zu lange aus der seele

die wanduhr habe ich
unters bett geworfen
(stunden zählt man nur
wenn man einen grund dafür hat)

ihr ticken lässt mich
wenigstens im schlaf ruhe finden

Sabine Graßl
ich zupfe auf saiten

ich zupfe auf saiten
und lausche den zeilen
unterlasse das daten
ersehne ein kraulen

ich lehre von fern
fettes haar glänzt wie lack
schwere dringt mir ins hirn
ich jogge sie weg

ich stink wie ein schwein
shavasana traum
bin Käfer, trink wein
und spüre mich kaum

Kathrin Wirth
Hätte die Leber eine Stimme

Hätte die Leber eine Stimme,
entrüstet würde sie beklagen:
Das hier ist nicht in meinem Sinne.
Und es beschwert sich auch der Magen!

Ach jetzt tu nicht so betroffen,
würde man die Lunge hören.
Besser ist, wir sind besoffen,
als dass uns diese Viren stören.

Helen Janina Sülflow
Opa

Vielleicht war es nicht der Tag, die Zeit.
Dein Todestag, vielleicht war er noch so weit.
Und diese Frage bleibt für immer,
Und trotzdem hab ich keinen Schimmer.

Und es tut mir leid, dass ich
Nicht öfter da gewesen bin,
Doch für mich ergab das Sinn.
Wollte dich nicht infizieren,
Nicht mit deinem Leben spielen.

Ich werd nie vergessen, wie
Ich dich das letzte Mal sah,
Wie froh du warst, dass ich da war.
Doch nur eine Kleinigkeit hat gereicht,
Dass du mir von der Seite weichst.

Egal, wo du jetzt bist,
Ich vergesse dich nicht.
Und grüß Oma schön von mir,
Hoffentlich bist du endlich wieder bei ihr.

Sonja Weichand
Wirtschaftswundern

Die Wirtschaft hat
worauf es ankommt
jetzt bloß nicht Krankenschwester sein!
oder noch schlimmer: Virologe
dann lieber keinen Job
ist doch auch schön
sich so als Mann mal mit den Kindern
aber bloß nicht dran gewöhnen!
wie machst du das als Mutter?
was hältst du aus?
funktionieren statt profitieren
dieses Land zusammengehalten
von den großen Entscheidern
nicht am Sandkasten
sondern am Konzernverhandlungstisch
ist doch nur logisch
dass die jetzt ihr Stück vom Kuchen
Hände weg von den Förmchen
Gebäck aus Körnern und Illusionen
mit Geld spielt man nicht

Thomas Gsella
DIE CORONALEHRE

Quarantänehäuser sprießen,
Ärzte, Betten überall,
Forscher forschen, Gelder fließen -
Politik mit Überschall.
Also hat sie klargestellt:
Wenn sie will, dann kann die Welt.

Also will sie nicht beenden
Das Krepieren in den Kriegen,
Das Verrecken vor den Stränden
Und dass Kinder schreiend liegen
In den Zelten, zitternd, nass.
Also will sie. Alles das.

Margarita Kotlyarenko
Wer ein Auge zudrückt

Wer ein Auge zudrückt
Wird nur die Hälfte sehen
Noch weniger verstehen
Wird weiter Däumchen drehen

Wer hört, was er schon kennt
Weiß alles, was er weiß
Allwissenheit im Kreis
Bleibt taub um jeden Preis

Und jeder, der jetzt schweigt
Macht uns auf ewig stumm
Macht Nichtwissende dumm
Bringt weiter Menschen um

Lisa Kahl
DerMoralist19

Schläft bis Sonnenaufgang, Träume Fleisch und Blut
Augenaufschlag, Zimmerluft steht still

Kaltes Wasser rinnt in Becken,
Zahnfleisch schmeckt nach Mensch, dann Minze

Brüht Kaffee auf, leidenschaftlich heiß und bitter
Daran ertrinkt er in diesen Tagen gern
Tabak reicht für eine letzte Kippe
Und Morgenluft kühlt Lunge, selbst durch Stoff

Liebesblicke auf Passanten, roter Hunger
Die weichen aus, wechseln Straßenseite
Verstohlen Blick, hinter Gardinen die
Gemeinsamkeit

Auf den Straßen laufen jetzt nur Einzelmenschen
Stimmen lange ungehört
Den Geruch fremden Schweißes sehnen sie,
Doch Morgen still wie Zimmerluft
Fenster weit geöffnet schon, da hilft kein
Ziegelstein

Frau am Kiosk gibt Wechselgeld heraus,
Da berühren sich Hände, da ist er getröstet kurz

Susanna De Secondi
Bittersüße Oase

Am Tunnelende ist ein Licht
Denkt man - doch das ist es nicht
Weder Sonne, Mond noch Sterne
Nur ne Kurve mit Laterne
Und man hört in schwachem Ton:
"Ausgangssperre, Mutation"

Was mich Tag für Tag verschärft
Am Lockdown ganz besonders nervt
Sind Pickel, größer als Melonen
Die mietfrei unter Masken wohnen

Unaufhaltsam, tückisch, leise
Zieht der Alltag seine Kreise:

Wenn die Frustration pausiert
Ist man intrinsisch motiviert

In einer solchen "Selfcare-Phase"
Wird die Wohnung zur Oase
(Ich kann die Zeit ja schließlich nutzen
Und meditierend alles putzen)

Tags darauf, nach langen Stunden
Nichtstun und sich selbst erkunden
Wird, indes man müßig scrollt,
Die Oase überrollt

Und scharfer bittersüßer Duft
Von Einsamkeit liegt in der Luft

Daumen leisten dir als Tänzer
Zwischen News und Influencer
Redlich wenig ihre Pflicht
Der Rest des Körpers regt sich nicht

Die Spanne zwischen großem Leid
Und glücklicher Gemütlichkeit
Ist in dieser schweren Zeit
Leider ganz besonders breit

Drum lasst uns eine Arche bauen
Aus Liebe, Rücksicht und Vertrauen
Dann sitzen in der großen Not
Wir allesamt im gleichen Boot

Doris Leeb
Loggdaun

Wieda. Und scho wieda.
Ausgong: gspeat!
Gschäftn zua.

Wea ned schifoan wead
hot sei Ruah.

Nie mehr Schule, keine Schule mehr!
Distancelearning gfreits owa a ned sehr.

Life before Lockdown!
Please! Come! Back! To! Me!

Und bleib. Geh nima wieda.

Hermine Vulturius
Aus Langeweile

In Zeiten
des Kontaktverbotes
habe ich mein Tinder
gelöscht

Ich habe einen Nachbarn
gegenüber vom Küchenfenster
aus kann ich ihn beobachten
er steht jeden Tag vor mir auf
und lernt und lernt und manchmal
spielt er Klavier

In Zeiten
des Kontaktverbotes
ist er der perfekte Typ

Ich glaube fast
ich will mich
aus Langeweile
in ihn verlieben.

Nika Arzer
Du

Du lässt Dich so gut stapeln, hoch hinauf.
Wie sinnvoll gut war doch Dein Kauf.
Denn auf dem kleinen stillen Örtchen
Bist Du für mich, mit einem Wörtchen:
Unverzichtbar! Und stets da,
Neben mir zum Greifen nah.

Und wie Du über Felder fliegst
Und Dich an Fußballtore schmiegst.
Und wenn im Wurf Dein Schweif entrollt
Und ohne Dich gleich jeder schmollt,
Weiß ich, ich brauche mehr von Dir,
Du wundersames Weichpapier.

Währst ewig und vergammelst nicht,
Bleichst auch nicht aus im Sonnenlicht.
Wenn dann die Irrheit und das Chaos siegen,
Weil Viren durch die Straßen fliegen,
Sitz ich umhüllt von Rollen wohlbehagt,
Weil ich Dich, oh Klopapier,
Zu Hauf gehamstert hab.

Relana Börensen
Gedanken im Quadrat

Unsere runden Köpfe
kollidieren mit den kantigen Ecken
der aktuellen Lebensräume.
Die oft unvermeidbar starre Sicht
auf die aktuelle Situation
projiziert eine Illusion der Ausweglosigkeit.
Ein Gemeinsam wird nur
durch manchmal einsam,
jetzt allein sein, erreicht.
Bewegst Dich zwischen
Sofavegetation, Seriensynchronisation
und dem Pfad der Selbstfindungsmeditation.
Natürlich auf Kuschelsocken.
Doch Du bringst die von der Wand bis zur Tapete
geprägten Gedanken immer mal
wieder zum Wanken.
In diesem viel zu eckigen Raum
hörst Du einen viel zu traurig schönen Song
und fängst mit einem Lächeln
einfach an, viel zu große Kreise zu tanzen!
Das Bewusstsein
über den Besitz grenzenloser Gedanken
ist, in der Tat, die Freiheit im Quadrat.

Lara Pohlers
Fernweh

Tage ohne Umrisse.
Auch keine Farbe, die sie füllt.
Stattdessen: Zeit.
unbeweglich und zäh.
Hab versucht sie in der Toilette
herunterzuspülen.
Die ist dann übergelaufen,
also die Toilette.
Jetzt schwimm ich darin,
also im Hochwasser.
Gemeinsam mit der Zeit
(die übrigens gern schnorchelt,
aber nur in ihrem bordeauxroten
Bikini) und stelle mir vor wir wären
am Meer.
Rieche das Salz, sehe den Sand
unter ihren Fingernägeln
auf meiner Schulter.
Im Sumpf der Klobürste
ertrinkt eine Fliege.
Zeit und ich schauen ihr dabei zu.
Zeit und ich machen jetzt alles zusammen.
Sommerliches Zitrusgelb steht ihr
nicht, also der halbtoten Fliege.
Da stirbt die lieber ganz.
Kann ich verstehen.

Sarah-Lisa Nassal
Wenigermeer

Hörst du,
wie in Absagen
leise Vor- und Rücksicht rauscht?

Merkst du,
wie sich auf Abstand
eine Welle der Verbundenheit aufbaut?

Und siehst du,
wie eine Maske vor dem Gesicht
die Wogen der Ungleichheit leicht bricht?

Es ist neues Land in Sicht.

Ich bin gern hier
am Wenigermeer.
Passieren tut hier messbar wenig,
doch auf dem Grund liegt umso mehr.

ZWEITER AKT

Fabian Baecker
Ich bin Sonntag.

Heute ist Sonntag.
Früher war Sonntag immer
Bühne.
Ich war Bühne.
Bühne war Sonntag.
Heute ist frei.
Morgen ist frei.
Bühne ist frei.
Jetzt hab ich immer Sonntag.
Ich hab frei.
Bin ich frei?

Katrin Weber
Im Lockdown

loggst du dich ein:
in deinen Geist,
in dem deine Quelle
immer schon kreist.

Jetzt ist es still
unter der Eiche,
jetzt hast du Zeit,
wenn die Wolkendecke bricht.

Die Sonne glitzert in deiner Seele,
und jeder verdorrte Ast,
jeder Käfer fällt
dir durchs Prisma,

doch die Wurzeln,
moos- und taubesetzt,
und ewig stützend,
die siehst du auch.

Andy Wirsz
Mütend

Ich bin mütend
müde und wütend
vom wach sein
vom wachsam sein
achtsam rein
achtsam raus
tagein
tagaus
Licht an
Licht aus
ich schlafe ein
ich schlafe aus

Luise Franke
Zigaretten und Bier

Mein Pullover riecht nach
Kneipe.
Was für ein herrlicher
Geruch.
Danke
Sara.

Marc Gminder
Ich habe Angst

Ich habe Angst
Vor der Stimmung
Denn sie wird aggressiver
Ich habe Angst
Vor dem Sog
Der Rechten
Denn sie singen wieder
Und alle singen mit…

Ich habe Angst
Vor dem Fieber
Denn die Fälle werden mehr
Ich habe Angst
Vor dem Morgen
Denn Zuversicht
Fällt mir heute schwer

Ich habe Angst
Vor der Angst
Denn sie fängt an zu lähmen
Ich habe Angst
Denn dieser Zustand
Beginnt langsam
Normalität anzunehmen

Hannah Uehlinger
Hallo?

Sitzt da noch wer ganz allein?
In einer Wohnung wie meiner?
Genauso klein,
Vielleicht auch kleiner?

Sitzt da noch wer ganz für sich?
In einer Wohnung wie meiner?
Als gäb es nur noch dich und mich.
wenn man nicht rausgeht
wird die Welt immer kleiner.

Martin Brunner
Drinnen

Wenn ich drinnen bin,
Strömen meine Gedanken aus gegen die Wände,
Zirkeln zurück über den Boden,
Setzen sich,
Von Staub bedeckt,
Zurück in meinen Kopf.

Wenn ich drinnen bin, spüre ich,
Wie vollgestopft die Luft ist
Mit Partikeln und gepresst,
Gesättigt zur Unkenntlichkeit.

Wenn ich drinnen bin,
Dann kehrt die Starre in mich ein.
Ich werde Fachwerk.
Mörtel.
Ziegelstein.
Und werde schwer.
Und knarre,
Wenn mich frische Luft berührt.

Wenn ich drinnen bin, dann sterbe ich
Und werde anaerob zersetzt.
Bis nichts mehr übrig ist
Als ewig kreisender Gedankenstaub.

Jana Thiel
Im – Bett. Bad.

Bett.
Bad.
Wake up.
Küchentisch.
Homeoffice.
Tipp.
Tipp.
Slack an.
Tick.
Tack.
Zoom.
Bad.
Klick.
Klack.
Lunchtime.
Tipp.
Tack.
Tick.
Tipp.
Zoom.
Bye.
Slack aus.
Laptop zu.
Laptop auf.
Netflix schauen im –

Hubertus Koch
kein bock mehr

wieder mal
nen tag verschenkt
nehm's mir vor
und mach es nie
ich bin
der moderne mensch
und das
gelebte dystopie

Von meinem iPhone gesendet

Johannes Lemm
Filmtipp

Corona - Welt hat Pause
Regie: Mutter Natur
Hauptrolle: ein Virus
Nebenrolle: Menschen

Anja Margold
Umarmungen

Umarmungen?... weit gefehlt
Freunde treffen?... Trübsal quält
Liebesküsse?... nicht heut Nacht
Fernsehabend?... leicht gemacht
Dinner Parties?... nicht mit mir
WhatsApp Notes?.. die schick ich Dir
Reden, reden, nur noch Worte
Kein' Kontakt... sonst Himmelspforte

Sven Grevesmühl
Lockdown

Leben lockt
wachsende Locken
umarmen lockt
zuhause eingelockt
im Meeting eingelockt
Trägheit lockt
Einsamkeit lockt
Depression lockt
locker bald vorüber
locker bleiben

Fritz Sebastian Konka
Eine Bank

Grünes Moos
hinter der Bank
vor ihr spiegeln sich Bäume
in einer Pfütze
auf der Bank träume ich
mit tief ins Gesicht
gezogener Mütze
und meiner zur Faust
geballten linken Hand
von einer Welt
in der eine Bank
nicht als Schlafplatz
dienen muss
während Hotels
ungenutzt
leer stehen.

Anna Kiesewetter
hey

hey,
dein kopf sitzt ja ganz schief,
ganz quer.
denkst du nur mit der rechten seite?
wie einseitig.

hey,
deine augen sind ja ganz rot -
vor wut?
oder vor müdigkeit?

hast du angst, vor dem, was lauert?
unter der erdkruste,
unter der oberfläche?
du denkst, es schleicht etwas heran -
aber vielleicht ist es ja nur
ein regenwurm.

hey,
deine ohren sind ja ganz klein -
werden immer kleiner und kleiner.

du kannst ja gar nicht mehr hören,
was ich dir sage.
oder willst du das gar nicht?

Jan Borges
wie gehts?

ich wollte es nicht
doch sie tat es & fragte
ich sagte ‚hängt davon ab‘
doch meinte
‚wie viel fülle durch leere
ich am ende des tages
den kopf seitlich im laken
vergraben halt eben
durch den bildschirm
ertrage‘

Svenja Okrusch
habe jetzt einen hund

bin so müde dass mir übel ist
ich bin nicht übernächtigt ich schlafe nur nicht
ich träume vom fernsein aber bewege mich nicht
gebe immer alles auf wegen einer schlechten nacht
nimm mich bitte
hab so lange am portfolio gesessen
habe grenzen im kopf vielleicht erziehung
vielleicht nur angst vor verantwortung
meine freiheit gehört nicht mir sondern anderen
ich will sie nicht nimm du sie für mich
ich drehe lieber weiter meine runden
meine zigaretten
meine gedanken in kreisen
habe jetzt einen hund aber er lebt noch nicht
habe gestern eine reise geplant aber trau mich noch
nicht
lebe gerne in der zukunft aber nur in meinem kopf
habe lange meditiert dann meine gefühle verloren
so sehr zur ruhe gekommen komme leider nicht mehr
weg
lebe jetzt bequem bin jetzt angekommen
kritisiere nicht mehr andere nur noch mich selbst
frage nicht mehr nach dem sinn
nur nach dem nächsten freien tag
will im theater in die erste reihe gott sei dank

bin immer noch narzisst
bin so alternativ weiß gar nicht was es bedeutet
mein kaffee ist so stark dass er dick geworden ist
wie sirup nur bitter

"bringe licht in die welt wie ein leuchtturm"
bringe lieber pflicht in die welt wie ein
wie ein was wie ein was
woher kommt meine pflicht der ich
hinterherrenne
woher kommt der gedanke der verpflichtung
dem ich treu bleibe
es ist windig draußen berührt mich nicht
muss in einer stunde los bemüh mich nicht
tue die pflicht weil sie ruft so einfach ist das
habe nicht aufgegeben habe nur nicht geschlafen
bin wach sozusagen
vielleicht aufgewacht
träume jetzt weniger ist vielleicht besser so

Lina Claire Fischer
Eckbank

Für heute Nacht
in einem Jahr
habe ich in meiner
Lieblingsbar die
Eckbank reserviert -
dann denken wir
gemeinsam dran,
dass alles plötzlich
anders kam, doch
das hier existiert.

Luzie Katharina Mariaschnee
Meine Wände

An der Wand sind Fußabdrücke.
Wer kann mir jetzt noch sagen,
dass wir auf dem Boden der Tatsachen sind.
Mit den weißen Schuhen auf der schmutzig
gelaufenen Erde ragen wir in den Raum hinein
und kennen kein Oben und Unten mehr.
Vielleicht gibt es den Boden schon lange nicht mehr.
Mit den Augen suchen wir Halt, sie irren umher,
doch alle Wände sind kahl und der Raum ist leer.
Es ist an uns, ihn mit uns selbst zu füllen.
Denn außer uns ist ja nichts hier,
das uns helfen könnte.
Wenn man in den Raum hinein lacht,
prallt das Lachen gegen alle Wände
und sie alle lachen laut zurück.
Deshalb wage ich nicht zu schreien,
denn ich kann mir denken, was dann passiert.
An der Wand sind Fußabdrücke.
Jemand ist die Wände hochgegangen.
Denn Oben und Unten sind nicht mehr in Sicht.

Michael Hüttenberger
Finale Corona-Fantasie

Ich krieche rum auf allen Vieren
Und suche nach Corona-Viren.

Ich spuck dem Virus ins Gesicht:
Ich kriege dich, du kriegst mich nicht!

Dann, hinter meinem Maskenschutz,
Vollend ich meinen Wohnungsputz,

Nehm meinen neuen Schaumstofffeger
Und feg ihn auf, den SARS-Erreger.

Im Geist zitiere ich Ovid
Und dabei kill ich dich, Covid.

Als seist ein Stier du in Pamplona:
Für immer schweige jetzt, Corona!

Ich bin seit Wochen isoliert
Und von mir selbst desinfiziert.

So bricht in meiner Wohnung nie,
Nie, niemals eine Pandemie

Aus.

Anja Thiele
Die Vögel

Seit Tagen
kommen mich
Vogelschwärme
besuchen
im Homeoffice,
riesige,
um sich gütlich zu tun
an den letzten Weinbeeren,
die der Herbst noch ließ.
Aufgeregt,
wie eine Horde trinkender
Teenager flattern sie trillernd
und zwitschernd
gegen mein
Häuserwandverließ.
Sie zu fotografieren –
vergeblich, sie scheuen
meine Gegenwart
Meine sehnsuchts-
vollen
Blicke streifen
noch ihren Flügelschlag.

Manisha Crump-Otten
Nasenlochgalaxie

In der unaufgeräumten Stille des Morgens
umwandre ich Stolperfallen aus
ungefalteter Wäsche.
Schnell noch, schnell am Rechner,
ganz ganz schnell - IN RUHE -
ganz viel abarbeiten.
Nicht ablenken lassen von dem
Chaos um mich herum.
All das kann warten -
bis ich später auch nicht dazu komme.
Ich zerhaste die Stille
- und plötzlich tun sie sich wieder auf:
Die Schwarzen Löcher!

Ich will nicht hinsehen
Will mich festhalten
- an der unverräumten Weihnachtsdeko.
Doch die Kugeln ziehen
laut lachend ihre Masken aus.

Tiefer und tiefer werde ich
hinein geZOOMt in die
Nasenlochgalaxie!
Bis mir die Luft weg bleibt!

Das letzte was ich sehe sind
zwei kleine Schlafanzüge,
die mich mit Schulaufgabenkonfetti feiern
und mit der Fernbedienung winken.

Viel zu früh am Morgen
und mit Atemnot
wache ich auf.
Mein Herz rast:
Der Alptraum geht weiter!

Lolita Plate
Lockdownromantik

Wir fahren zu zweit auf dem Elektroroller
durch die menschenleeren Straßen.
Wir werden getragen von tauber Euphorie.

Eine Familie zerreißt. Streitigkeiten ums Sorgerecht.
Ein Scheidungsanwalt im Homeoffice.

Dieser Tage kneife ich besonders oft die Augen
zusammen, nur um sie wieder zu öffnen
und die gleiche Realität vorzufinden.
Manchmal bitte ich dich sogar, mich zu kneifen.

Ein Familienvater stirbt auf der Intensivstation.
Ein Kind darf nicht in die Kita.
Eine Ehefrau wird Opfer von Gewalt.

Oranges Licht der Straßenlaternen hüllt die Straße
in Nostalgie. Ruhe. Jeder Moment bekommt
Stummfilmcharakter.

Ein Künstler geht pleite.
Ein neu geöffnetes Café schließt.
Eine Chefin kündigt Personal.

Ich wage zu träumen. Wir lösen uns.
Du kündigst Jobs und ich breche mein Studium ab.

*Ein Mensch vereinsamt. Eine Studentin fährt Zug,
atmet ein und steckt sich an.
Ein Kind sitzt zuhause und hat ohne Laptop
keinen Zugang zu Moodle.*

Eine angeboren geglaubte Anspannung
fällt von uns ab. Wir atmen tief ein und aus.
Für uns steht die Welt still.

*Eine Operation kann nicht durchgeführt werden
auf Grund von Bettenmangel. Ein Pfleger arbeitet
den zweiten Tag ohne Pause. Eine Impfung wird
falsch gekühlt.*

Die Straßen sind nicht befahren.
Ich halte inne, mitten auf der Straße,
und nehme dich in den Arm.
Eine kleine Ewigkeit verharren wir
in trauriger Freiheit. Ich blinzle nochmal,
um mich zu vergewissern.
Lockdownromantik.

Sarah Obertimpfler
17. Oktober 2020

du stehst vor mir,
du siehst mich,
du winkst mir in Stille,

doch ich seh dich nicht -
denn durch die Maske
beschlägt meine Brille.

*- aus dem Tagebuch
einer Brillenträgerin*

Olaf Kuehn
liebe

wir haben die leinen gekappt
zu den fernen träumen der zukunft
die uns rastlos gezogen
wir haben die leinen gekappt
zum hafen der vergangenheit
der uns festhielt und einengte im blick

wir haben unsere träume ins boot geholt
um ohne vorher und nachher zu leben
glücklich und ohne leinen
auf dem offenen meer

Waltraud Schmidt
Schon viel gesehen

Ausgangssperre, auch blockdown genannt,
jeder weiß, was das bedeutet,
hier für unser Land.
Schön mit Abstand muß es geh'n,
seine Lieben mal zu seh'n.
Corona hat uns fest im Griff,
schon fast ein ganzes Jahr, und jeder sollte jetzt
begreifen man soll nicht aus der Reihe schweifen.
Bleibt bitte wo es geht zu Haus',
so treiben wir Corona aus.
Ich bin ein Mensch "uralt" und hab schon
viel geseh'n.
Krieg, Mord, Bomben, Ruinen und Vertreibung,
das alles habe ich erlebt in einer Zeit,
als ich noch jung,
und immer mußt' es weitergehn.
Auch Corona und blockdown
verlangt von uns sehr viel,
doch auch diese Zeit ist einst Vergangenheit.
So ist das Leben, es wird uns nichts geschenkt,
mit Gottvertrau'n und Liebe
freuen wir uns an der schönen Welt!

Waltraud Schmidt,
geb. 1926 in Schlesien

Cornelia Travnicek
in your face

ich habe noch nie / so viele wahre gesichter / gesehen
wie hinter den masken

man hätte meinen wollen / sie wären das tragen
einer solchen gewöhnt gewesen

zeigt sich / man muss alle anderen ablegen
um eine aufzusetzen

Fiona Lüske
Nichts und niemand

Es gibt nichts zu verpassen
Alles geschlossen.
Läden
Clubs
Bars und Pubs
Münder
Niemand staunt mehr

   Nur die Fenster sind offen

Bonita B.
30qm

$30m^2$, ein Mann und ein Hund.
Ganz viel Liebe, keine Lust
und kein Grund.

Kein Grund aufzustehen,
bis auf das Gassi-Gehen.
Kein Grund sich anzuzieh'n,
bis auf das Meeting per Screen.
Kein Grund zur Bewegung,
bis auf die Seelenregung.
Kein Grund gesund zu essen,
bis auf das In-die-Hose-Pressen.
Kein Grund sich schick zu machen,
bis auf die Blicke meines Gatten.
Kein Grund zu schmunzeln,
bis auf dein süßes Nasenrunzeln.
Kein Grund für das Tutorium,
bis auf den Abschluss vom Studium.
Kein Grund zu lachen,
bis auf das Neben-dir-Aufwachen.
Kein Grund kreativ zu sein,
bis auf den Drang dazu, insgeheim.

$30m^2$, ein Mann und ein Hund.
Ganz viel Liebe, keine Lust
und doch immer ein Grund.

Alexander Köcher
Die Pasta verkocht

Die Pasta verkocht
Der Tee kaltgezogen
Die Sukkulente ertrunken
Der Staub tanzt im Licht

Konkretes ins Eisfach
Optionen zerkaut
Bilder verschoben
Im Fernsehen läuft Lanz

Reinemachen und löslicher Schnaps
Kleine Schritte mit dem Tierheimhund
Kaum verdampft, regnet es Blasen
Geisterhafte Bruchstellen im Relief

Jetzt
Wo die letzten Minuten bereits fester
Bestandteil des Verlaufenen sind
macht mir das alles schon nichts mehr aus

Nur
um die Pflanze
tut es
mir leid

Ich glaubte, Sukkulenten sterben nie

Marcel Feldbaum
Corona-Hit

ich lieg mit meiner neurose
und meine neurose mit mir

dort oben leuchten die träume
hier unten stinken wir

das licht bleibt aus
bleib eh zu haus

rabimmel rabammel
plemplem plemplem

Tanja Duda
Lass mal lassen

Lass uns wandern gehen,
die Berge sehen.
Lass uns Koffer packen,
Das Land verlassen,
Lass uns Tickets buchen,
Das weite Suchen.
Lass uns ganz gelassen
Diese Zeit verpassen.

Nee, lass mal lassen.

Fabian Leonhard
Ausgangssperre

Ein Wildschwein läuft am frühen Abend
Allein über den Place de la Bastille
Und drüben, am Kanal dort, sieh!
Zwei Hirsche trinken, c'est la vie!

Mirko Swatoch
Verlorene Stadt

Ich hab die Pandemie so langsam satt.
Geh abends gerne in der Stadt spazieren,
weil sie so viele bunte Lichter hat -
im Augenblick spazieren nur die Viren.

Ganz plötzlich ist sie still, verbraucht kein Watt.
Die Dunkelheit lässt keinen Gast passieren.
Der Mond beäugt die Waren, wie sie matt
in Ladenfenstern ihren Wert verlieren.

Ich mag nicht mehr auf toten Pflastern schreiten.
Auf leeren Plätzen liegt ein kalter Hauch.
Kann denn ein Ort dem eignen Licht entgleiten?

Die Stadt verliert die Gäste und den Brauch.
Der Marktplatz darf die Arme nicht mehr breiten
Das Leben weicht aus ihm, und ich geh auch.

Marcel Ranura
Dunkle Tage

Wollte mir das Leben nehmen
Seichter Sturz im Bahnverkehr
Aber unten angekommen
Waren auch die Gleise leer

Len Korvin
To-Do-Laster

Locker bleiben
Bierchen zischen
Ocker reiben
Farben mischen
Bilder malen
Konferenzen
Pizza ordern
Yoga schwänzen
zu viel rauchen
Rauch abschwören
Söder im tv zuhören

Mikro muten
Skype updaten
Tiefkühlputen
Virus haten
Sushi holen
Haare wachsen
Spielkonsolen
Mitnehm-Haxn
Heldenpose
Jetzt mal joggen
Jogginghose
Ich bleib hocken

Fabian Lenthe
Hinter den Dächern

Die Gänse
Die heute Morgen
Hinter den Dächern verschwanden
Nahmen mich nicht mit

Es werden andere kommen

DRITTER AKT

Sarah Bräuer
MIC DROP

und da stand sie
Barbra
ohne Blumen in den Händen
von Selbstgebackenem
keine Spur
doch
da stand nun Barbra
bereit, alles zu riskieren
und sprang
von der Bühne
dem leeren Saal
entgegen.

Micha B. Rudolph
KulturKampf

Der Hungernde braucht keine Bilder,
der Durstige braucht kein Gedicht,
der voller Hass braucht keine Lieder?

Mich dürstet. Gib mir ein Gedicht.
Mich hungert. Zeig mir ein Gemälde.
Ich liebe nicht. Spiel mir Musik.

Die FarbenTöneWorte geben Leben,
weil sie dem Sterben abgerungen sind.

Jakob Andratsch
Prater und Schnaps

Wenn einer nicht mehr rausgeht
verwehrt er sich
seiner Teilhabe an der Welt
wenn viele nicht mehr rausgehen
verschiebt sich ihre Teilhabe in Richtung weniger
die in der Nacht durch den Prater schleichen
wir beobachten Marder
die unter den Bänken hervorhuschen
und rennen ihnen nach
sie kommen näher
in die Stadt zurück
fragen sich nach den Menschen
die Menschen fragen sich
auch nach den Menschen
ich frage mich
nach der nächsten Desinfektionsmittelausgabe
ein neuer Schnaps
ich kann nicht aufhören
an meinen Fingerkuppen zu lecken
es wird
kein neuer Lockdown kommen
der Schnaps an meinen Händen
verharrt in den Grübchen
bleibt kleben
und wird von mir
durch den Winter getragen.

Mara Lena von Matthey
Berliner Winterbad

Der Schnee hat sich
über Nacht
so still und unverfroren
über die Geländer und Dächer
der Stadt gelegt.
Die Menschen strömen
in Scharen hinaus
und baden hungrig
in dem unschuldigen Weiß:
Schlitten, bunte Mützen, Gejohle.
Doch dann
im allmählichen Matschgrau
mahnt ein Megafon zu A-b-s-t-a-n-d
und alle – nun verfroren und satt –
taumeln schlitternd
nach Hause
trunken vom unverhofften Vollbad
in Menschen und Schnee.
Und heute?
Da sprechen wir
über den Schnee von gestern
den knallblauen Himmel jetzt
und
die Stürme von morgen.

Julia Deutsch
Bestandsaufnahme

Es scheint das Selbstverständlichste der Welt zu sein,
frei durch diese Stadt zu gehn,
jetzt, diese Freiheit zerbrechen zu sehn,
und einsam hier am Fenster zu stehn,
beschreibt die Schönheit der Zerbrechlichkeit,
den eminenten Wert der Zeit,
so unverkennbar rein.

Adrian Dahm
Winterblume

Ich sehe eine Blume im Winter
Am Rande der Straße
Ragt ihr Kopf aus dem Schnee
Für einen Moment wird es Frühling
In mir und ich kann endlich atmen
Ich pflücke sie
Und es ist wieder Winter

Helena Gossmann
Ja - Okay... Fuck.

Sehnsucht
Nach Kneipen
Nach Partys nach Bier
Ich schreie nach Liebe
nach Küssen und Dir
Nach Sex!
Ekstase!
Eskalation!
Gebt mir die Eskalation!

Stattdessen: Frustration
Fuck, ich möchte nicht mehr!
Sehn mich nach überfülltem Straßenverkehr
Dicht an dicht mit anderen Menschen
Gedrängt in Bussen und Bahnen
Schwitzende Leiber aneinander
Fuck!

Fuck, ich möcht nicht mehr!
Mein Kühlschrank voll, die Wohnung warm!
Heul trotzdem rum wegen jedem Scheiß! Oh wow!
Ich muss zu Hause sitzen
Muss Chilln, masturbiern und netflixn
Und während andere ackern und schuften
Sehn ich mich nach Dreck
Und billigen Düften. Fuck!

Holger Hertwig
Verwaiste Bar

Da schläft das mächt'ge Tresentier,
verwaist sein langgestreckter Rücken,
von braunen Flanken tropft nicht
Schnaps, noch Bier,
doch ruht es nicht aus freien Stücken.

Der Virensturm erzwang die lange Nacht;
wann darf das Holzding sich erheben?
Wenn es dann erst aus diesem Alp erwacht,
bricht laut aus seiner Höhle neues Leben.

Lukas Reiger
fast geschafft

Ein guter Abend begann
seinerzeit im Sommer
in den Stunden lang
vor Sonnenuntergang
mit guten Freunden, mit kaltem Bier
und smoothen Gitarrengrooves
aus der zwanzig Jahre alten Box.

Das Tape unseres Lebens fix vorgespult,
bleibt davon nicht viel, im Jetzt und Hier;
für mich persönlich lediglich
ein leeres Blatt Papier.
Ich frage dich also, wer das ist,
der sich im Selbstmitleid suhlt?
Ist es dein Ego oder bist es du?

Damals lebten wir für die Dämmerung.
Scheiß doch auf Vergänglichkeit,
taumeln wir lieber hackebreit
in den kühlen Bach Erinnerung.

Zieh dich aus, spring von der alten Promenade.
Ich verspreche dir, das gibt dir Kraft:
denk beim kalten Bade an alles Schöne, das da wartet.
Vielleicht ist es bald geschafft,
vielleicht ist das hier die Zielgerade.

Tom A. Stier
Alte Freunde

Da liegt er nun auf meinem Sofa
von zu viel Freizeit dick und rund
und wenn ich frage: an die Arbeit?
- grinst er nur, mein Schweinehund.

Draußen ist wer vor dem Fenster
ich erbarme mich und irgendwie
schaff ich's zur Tür und öffne sie.

Da steht er nun, ich frage mich
wie konnte ich ihn so vermissen
ich tret zur Seite, lass ihn rein
meinen alten Freund, das schlechte Gewissen.

Lop v. Strasoldo
20/21

Das Licht der ungeputzten Fensterscheiben
ist ein Meer an der Decke
und aus dem graugrau der Wolken
kommt es blau.

Die Tür geht nicht auf
nichts Schlechtes tritt ein,
nichts Gutes,
kein Abend beginnt
nur auf der Straße,
zieht lärmend die Stille vorbei.

Unter der Maske
ist es warm und allein
über die Stirn zieht man sie
über den Kopf,
über den Bauch und die Beine,
wickelt sich ein
und deckt sich zu.

Paulina Behrendt
Schlaflied

Du reichst mir
heiße Milch mit Honig,
summst LaLeLu
im sanften Klang,
die Füße schlafen
warm und wohlig,
ich träum' heut laut
von Sturm und Drang.

Miriam Schiweck
Gestern Nacht

bin
ich mir selbst verloren gegangen
als ich aufwachte und bemerkte, dass
ich fort war
sah ich aus dem Fenster
und dort fand ich mich
an der unteren Ecke des Blocks stand ich
die, wo es
immer so windet
und dort sprach ich mit einem Wolf
Ich konnte nicht glauben, was ich sah
ein Wolf
hier
an der unteren Ecke des Blocks
wo es dort doch immer so windet
aber er war da und
ich sprach mit ihm
und dann sah ich mich ihm folgen und
hinter der Ecke verschwinden
Ich habe mich nicht wiedergefunden seitdem.

Sibylle Berg
Sonntag auf der Welt

Der Strom ist abgeschaltet.
Die Autos stehen am Himmel.
Wolken liegen auf der Straße.
Eine Flutwelle im Zimmer.
Nach fünf Stunden schau ich zur Uhr.
Es sind drei Minuten vergangen.

Sonntag in einer Wohnung.
Irgendeiner. Irgendwo.
Sie sind gleich, die Wohnungen der Einsamen.
In denen kein Telefon klingelt.
Keiner kommt. Der sich freut, dich zu sehen.

Sonntag auf der Welt.
Irgendeiner. Irgendwo.
Sie sind gleich, die leeren Stunden in großen Städten.
Die Zeit angehalten. Du mit dir, und keiner da.
Der sich freut, dich zu sehen.

Auf leeren Straßen.
Gefrorene Vögel in den Ästen.
In einer Welt, die ausgestorben ist.
Es ist zu kalt.
Noch einen zu finden, der meine Hände wärmt.
Etwas Besseres wird nicht mehr kommen.

Ulrike Almut Sandig
wo   tut es denn weh

tut   es denn wo weh

es   wendet ohn Wut
denn   wo es weht tut

weh   Wundsonette
wo   Wut sehnt. Ende.

Simone Fischer
Die Glaskugel

Ich sitze in einer Glaskugel
Gemütlich aber einsam
Abgeschirmt von der Welt

Die Glaskugel gleitet durch die Lüfte
An Häusern, Bäumen, Menschen vorbei
Sanft trägt sie mich durch die Luft
Für alle unsichtbar

Entspannt lehne ich mich zurück
Und betrachte meine Umwelt
Ohne gesehen zu werden

Mit meinen Gedanken allein
Fliege ich also so dahin

Friedlich ist es in der Glaskugel
Unruhig draußen drum herum

Es ist, als würde ich mir eine Pause von
der Welt nehmen
Abgeschirmt von all dem Trubel
In meiner kleinen zarten Kugel

Benjamin Boresch
perspektivwechsel

"vor uns liegt die schwierige zeit",
so sagen die menschen.

ich stehe am offenen fenster,
höre die ersten vögel des jahres
und singe mit ihnen
ins unklare.

Markus Henz
Lock down

hör mal
wie sehen denn deine Haare aus
du hattest doch mal Dauerwelle

Renate Aichinger
#kunst:pause

dass
es ohne
uns

dass
es dann
stumm

was
aber
wenn

wenn
diese
stille

wenn
die niemand
hört

Daniel Koßmann
panik. |

panik im angesicht von
menschen, | links, rechts, überall,
| dicht auf dicht | gedrängte panik
| zeigt sich | unzulänglich ist | der
öffentliche transport aller, die |
ohne entsprechende finanzmittel
| leben, arbeiten, fahren, leben |
ein date mit corona | in zeiten der
krise | hilft keine panik.

Josephine Strauß
Viel zu sagen

Na mein Schatz, wie geht es dir?
Was machst du den ganzen Tag?
Bist du viel allein?

Tja, was soll man auch machen?
Kann ja nirgendwohin.
Wie geht es euch zuhause, alle gesund?

Ja, alle noch fit.
Ich schaue fern. Opa schläft unten auf der Couch.
Was soll man auch machen?
Gut mein Schatz, wir hören uns bald wieder.
Bleib gesund!

Stimmt, was soll man auch sagen?

Andrea Junge
Weißt du noch?

Weißt du noch, wie es riecht,
wenn in der Kneipe die Tür
zum Raucherraum kurz offensteht?

Weißt du noch, wie sich die Stille anfühlt,
kurz bevor der Vorhang aufgeht
und der erste Schauspieler die Bühne betritt?

Weißt du noch, wie es im Bauch kribbelt,
wenn dich ein Fremder verschmitzt
auf der Straße anlächelt?

Weißt du noch, wie sich ein Glückwunsch
anfühlt, der durch einen freundlichen
Händedruck bestätigt wird?

Weißt du noch, wie die Straßenmusiker in der
Innenstadt klingen, wenn du aus der Ferne
schon den Ohrwurm für die nächsten drei
Tage hören kannst?

Weißt du noch, wo dein liebster Lippenstift
abgeblieben ist?

Lara Roberts
Kellermagie

Ich dachte, die Tage
würden heller.
Ich dachte, das Licht
verschaffe sich Raum.

Ich dachte, die Liebe
finde ihren Weg und
ich dachte das Leben
nähme die Rolltreppe

nach oben.

Nach unten

gingen Hoffnung,
Lebensfreude, Beisammensein
und Träume.

Und doch hat das
Licht
auch im Keller einen
Raum gefunden.

Linda Krasenbrink
Eigentlich

Ich will das Jahr zurückgeben.
Rücksendegrund: Versäumtes Leben.
Will es mit Klebeband fesseln
und entsorgen im Restmüll.
Aber es passt in kein Paket,
ich habe wohl zu viel erlebt,
gesehen, gefühlt, geträumt,
meinen Kopf mal wieder aufgeräumt,
um die Erinnerungen neu zu gestalten.
Eigentlich,
will ich das Jahr gerne behalten.

Andreas Fritze
Chicago am Straßenrand

Mein Hund liegt dicht neben mir
Manchmal wünsch ich dir
Du lägest neben mir

Kälte, Hunger, Leben sind betäubt
Auf die Straße wird Salz gestreut
Hat sich jemand hier runtergebeugt

Angst totgeglaubt, jetzt ist sie da
Jede Nacht leben in Gefahr
Ist das denn noch ein Leben? Ja!

Mitmensch, ich liege hier neben dir
An meiner Seite nur das treue Tier
Was tust Du, während ich hier erfrier?

Moritz Meyer-Abich
2020

mein herz schlägt im takt
der vergangenen jahre
es trägt tag für tag
meine gabe zu grabe
die augen beschlagen
der mund fühlt sich taub an
die taten des alltags
sie setzen schon staub an

Manoni
MEINE AUSRICHTUNG

Meine Ausrichtung
lässt mir ausrichten,
dass aus Richtung
meiner inneren
Ausrichtung

Freude kommt.

Michael Wiegand
#pandemic2020

#wirbleibenzuhause, das #coronavirus einschränken
arbeiten im #homeoffice, schau mein #homeofficebreakfast
mehr nachdruck, #staythefuckhome die, die nicht denken
#stayathome, das können nicht alle, #wirbleibenfüreuchda
#wirbleibenfüreuchda über unsre grenzen #bleibtzuhause
wachstum #exponentiell, kritischer #reproduktionsfaktor
#lockdown, #inzidenzwert, und die #fallzahlen, #coronatod

#coronasolidarität,
mach mit bei der #nachbarschaftschallenge
#wirsinddabei schütz die #risikogruppe
#gemeinsamgegencorona mit #mypandemicsurvivalplan
besser durch #staythefuckhome

#ohneunswirdsstill,
keine kultur #sangundklanglos, nix mehr los
#kulturinzeitenvoncorona, #alarmstuferot
und #lockdownblues

wir müssen #flattenthecurve mit #socialdistancing und
#wearamask wünschen #normalität #bleibtgesund
und #staysafe bis zur #coronavac
#ärmelhoch ziehn

Laura Barth
Fünf vor zwölf

Und als wir kämpften
wie der Teufel
damit alle überlebten
hatten Leben und Tod
ihre eigene Komik
auf einem sterbenden Planeten.

Frederik Töpel
Ich bin die Hoffnung

Ich bin die Hoffnung,
Ich leuchte hell in dunkler Nacht.
Hab Acht, dann werde ich dich führen,
Ich klopfe sacht an Fenster, Türen.

Ich bin die Hoffnung,
In deinem Herzen keim ich auf,
Herauf mit dir, ich glaube fest,
Dass du dich nicht erschüttern lässt.

Ich bin die Hoffnung,
Du darfst mich wagen, strapazieren,
Parieren werd ich manchen Hieb.

Versprich nur eins: Sei selbst kein Dieb,
Stiehl mich nicht andern, die mich brauchen -
Ich tauche auf den tiefsten Grund,
Den letzten Funken noch zu retten.
Sei du mein Schild, sei du mein Mund,
Und wo ich starr bin, spreng die Ketten.

Clara Leukhardt
Traurige Blumen

traurige Blumen
am Straßenrand
müde
von einem so schwierigen Jahr
ich setz mich dazu und leg mich
hinein
auch ich
bin müde und leer

und so liegen wir da
und erwarten den Frühling
erwarten und warten und

ich hoffe so sehr
dass er sprießen kann
draußen
in der Welt
und in mir

Julia Wiatr
Irgendwie

Obwohl Menschen nervig sind -
Ich dachte, das sag ich nie,
vermisse ich die
irgendwie.

Inhaltsverzeichnis

Nachwort

Ich möchte mich an dieser Stelle noch einmal für jeden einzelnen Text bedanken, der eingereicht wurde. Wir konnten in diesem Buch leider nur einen kleinen Ausschnitt der eingesandten Gedichte zeigen. Auf Instagram **@lockdownlyrik** finden sich über 1000 weitere Texte. Es würde mich sehr freuen, wenn Sie dort einmal vorbeischauen würden. Vielleicht haben Sie ja auch Lust bekommen, selbst ein Gedicht zu schreiben. Auch wenn die Arbeit an diesem Buch abgeschlossen ist, werden wir alle eingesandten Texte auf dem Kanal weiterhin posten.

Als wir den Trabantenverlag im November 2020 gegründet haben, war klar, dass wir nicht nur gute Bücher veröffentlichen, sondern auch soziale Verantwortung übernehmen wollen. Wir haben uns deshalb dazu entschieden, einmal pro Jahr einen neuen Gedichtband zu veröffentlichen, der zusammen mit der Community entsteht und dessen Gewinn zu einem bedeutenden Teil an ein soziales Projekt gespendet wird. Hierzu werden wir den Instagram-Kanal @lockdownlyrik zu gegebener Zeit umbenennen. Wir würden uns freuen, wenn auch Sie ein Teil dieser Lyrikbewegung werden würden.

Jetzt sind Sie dran. Schreiben Sie ein Gedicht: